Edition Schott

Edition Andrés Segovia

Federico Moreno Torroba

Suite castellana

for Guitar
für Gitarre

Digitada por
Andrés Segovia

GA 104
ISMN 979-0-001-09546-4

www.schott-music.com

Mainz · London · Berlin · Madrid · New York · Paris · Prague · Tokyo · Toronto
© 1926 SCHOTT MUSIC GmbH & Co. KG, Mainz · © renewed 1954 SCHOTT MUSIC Ltd, London · Printed in Germany

Suite castellana

Digitada por A. Segovia

1

Fandanguillo

F. Moreno-Torroba

2

Arada

3

Danza

Schott Music, Mainz 31 567